Parenting From Your Heart

非暴力沟通·从心养育

〔美〕英芭尔·卡什坦 Inbal Kashtan ◎著
陈海燕◎译 刘轶◎审校

华夏出版社
HUAXIA PUBLISHING HOUSE

Translated from the book Parenting From Your Heart: Sharing the Gifts of Compassion, Connection, and Choice ISBN: 9781892005083 by Inbal Kashtan. Copyright © September 2004 published by PuddleDancer Press. Used with permission. For further information about Nonviolent Communication(TM) please visit the Center for Nonviolent Communication on the Web at: www.cnvc.org.

有关非暴力沟通的更多信息，请联系非暴力沟通中心，地址如下：Center for Nonviolent Communication USA (CNVC), 9301 Indian School Rd, NE, Suite 204, Albuquerque, NM 87112-2861 USA.
Website: www.cnvc.org
Email: cnvc@CNVC.org
Ph. 505-244-4041　U.S. Only: 800-255-7696　Fax: 505-247-0414
Simplified Chinese copyright © Huaxia Publishing House Co., Ltd.
All rights reserved.

版权所有，翻印必究。
北京市版权局著作权合同登记号：图字 01-2022-1278 号

图书在版编目（CIP）数据

非暴力沟通.从心养育/（美）英芭尔·卡什坦（Inbal Kashtan）著；陈海燕译.--北京：华夏出版社有限公司，2024.1（2025.7 重印）
（非暴力沟通系列）
书名原文：Parenting From Your Heart: Sharing the Gifts of Compassion, Connection, and Choice
ISBN 978-7-5222-0230-3

Ⅰ.①非… Ⅱ.①英… ②陈… Ⅲ.①家庭教育 Ⅳ.①G4

中国国家版本馆 CIP 数据核字(2023)第 152018 号

非暴力沟通·从心养育

著　　者	[美] 英芭尔·卡什坦	译　　者	陈海燕
策划编辑	王凤梅　卢莎莎	责任编辑	王凤梅　卢莎莎
责任印制	刘洋		
出版发行	华夏出版社有限公司		
经　　销	新华书店		
印　　刷	三河市万龙印装有限公司		
装　　订	三河市万龙印装有限公司		
版　　次	2024 年 1 月北京第 1 版		2025 年 7 月北京第 2 次印刷
开　　本	787×1092　1/32 开	印　　张	4
字　　数	55 千字	定　　价	48.80 元

华夏出版社有限公司　地址：北京市东直门外香河园北里 4 号　邮编：100028
网址：www.hxph.com.cn　电话：(010) 64663331（转）
若发现本版图书有印装质量问题，请与我社营销中心联系调换。

目 录
CONTENTS

序　言 … 001

第一章　权力支配与权力共享 … 005

同理孩子 … 010

分享自己的体验 … 013

自我同理 … 016

为什么要花时间去建立连结？ … 018

练习一　基础的转换 … 020

练习二　转换成非暴力沟通的表达方式 … 023

第二章　超越权力战 … 025

在自我同理、同理他人和诚实表达之间来回切换 … 028

创造性的策略源自连结 … 033

关于时机的提示 … 036

练习三　转换习惯性反应 … 038

练习四　定时谈话 … 040

第三章　听到"不"背后的"是" … 043

非暴力沟通对话 … 046

把策略与需要联系起来 ⋯ 050

听到"是"会带来什么不同？ ⋯ 051

练习五　面对"不" ⋯ 054

第四章　保护性强制力 ⋯ 059

练习六　考虑使用强制力 ⋯ 062

第五章　非暴力沟通和语言 ⋯ 065

练习七　超越语言 ⋯ 070

第六章　在孩子中间开展调解 ⋯ 075

非暴力沟通和两个孩童 ⋯ 078

示范你希望看到的行为 ⋯ 081

照顾每个人的需要 ⋯ 083

练习八　在孩子中间开展调解 ⋯ 085

第七章　表扬 ⋯ 087

从评判到观察 ⋯ 090

练习九　感激与欣赏 ⋯ 094

第八章　开启非暴力沟通之旅 … 097

认识孩子之间的差异——发展阶段与气质类型 … 103

练习十　下一步计划 … 108

为了和平的养育 … 111
国际非暴力沟通中心 … 117
每个人都有的一些基本感受 … 118
每个人都有的一些基本需要 … 119

序 言

当两岁的孩子抢走她同伴的玩具时，我们该怎么做？如果四岁的孩子在游乐场拒绝让别的孩子滑滑梯，我们该怎么跟他说？当青少年又没做完家务时，我们要怎么跟他谈？当孩子们的选择危及他们自身的安全时，我们要如何保护他们？当跟孩子的沟通看起来很困难或几乎无法进行时，有哪些资源能够帮助我们处理自己的愤怒、沮丧或痛苦？

作为父母，我们会不断地面临这样的状况。孩子越多，挑战也会相应地增加。再加上工作（或失业）、金钱（或缺钱）、时间、人际关系和其他一些不得不做的事情带来的压力，这些压力就像壶里将开的水一样，随时都会喷发。而且对有些人来说，他们还有一种压力——独自抚养孩子，没有伴侣、大家庭或者社群支持。很多父母还会面临其他各式各样的挑战。无怪乎父母们会渴望支持、指引和释放。然而，当我们求助于育儿书籍或专家时，我们获得的建议往往相互矛盾，甚至可能不符合我们的价值观和我们对孩子和家庭的期待。而当我们真的找到了一种想要尝试的方法时，改变习惯和关系模式本身也充满了无数的挑战。

在这本书里，我为父母和其他与孩子有关的人们简单地介绍了非暴力沟通如何以一种实用和直接的方式来支持他们的养育。我特别想探讨父母想要跟自己、伴侣和孩子建立更深的连结的渴望，以及通过养育孩子，对世界和平做出贡献的渴望。正如你将看到的，我描述的这种方法，超越了直接的解决方案，关乎个人和社会的转化。

这本书探讨了多种不同的主题和情境，并且提供了十个练习，帮助你在转变和调整养育方法的过程中，把所学到的运用到实践中去。但它绝不是关于非暴力沟通和养育的详尽探讨。在我的工作坊和课程里,在非暴力沟通养育邮件清单上,以及在我自己生活中出现过的很多话题,我都没有涉及。但是,我希望我在这里所涵盖的内容足够实用,既可以提供一些具体的方法去帮助你加深与孩子的连结;也足够令人兴奋,从而能激励你想去学习更多。如果你选择将这些方法运用到生活中去,并且它们给你的家庭生活带来了改变,我会很欢迎你来跟我分享。

关于非暴力沟通的更多相关信息,可以参看本书后面的介绍。

第一章

权力支配与权力共享

当父母想让孩子们做他们不想做的事情时,父母通过使用成年人所拥有的强大的身体力量、情感力量以及实际力量(所谓实际,我的意思是,成年人有更多的机会获得社会资源,控制自己和孩子的生活进程)来迫使孩子们服从,这种做法往往是很有诱惑力的。然而,我相信,试图强迫孩子做他或她不想做的事情,既不能在短期内有效地起作用,也无助于满足家庭的长期需要。(唯一的例外是,当健康或安全受到威胁时,非暴力沟通主张我们使用非惩罚的保护性强制力。)在非暴力沟通中,使用权力来强迫对方按我们想要的去做,这称为"权力支配";相反,使用权力来满足所有人的需要,则称为"权力共享"。

玛丽亚(Maria)(请注意,这里提到的人都已用了化名)是一位家长,读过我的一些文章后,她问了我一个直指这种诱惑——利用我们对资源的控制权来影响孩子的行为——的问题:

我一直在使用奖励和谈后果的方法和我两岁的儿子诺埃尔（Noel）进行"讨价还价"，有时，在我看来，它相当有效。至少，这能让他做我想要他做的事，比如把他盘子里的食物吃掉。但我对此总感觉有些不舒服。奖励和后果法如果有效的话，会存在什么问题吗？

我的确认为奖励和后果法存在一些问题，因为从长远来看，它们很少以我们希望的方式发挥作用。事实上，我认为它们很可能适得其反。马歇尔·卢森堡（Marshall Rosenberg）通过问父母们两个问题来探讨这一点："你希望你的孩子做什么？"以及"你希望孩子为了什么去做这件事？"很少有父母会希望孩子出于对后果的恐惧、内疚、羞耻、义务，或是出于对奖励的渴望而做某件事。

在这种情况下，当我听到父母们或育儿专家说后果法是有效的时，我常常想知道他们说的"有效"是指什么。我相信"有效"通常意味着父母们从孩子那里得到了服从——孩子做了父母让他们做的事——至少在一段时间内是这样。目的（服从）和手段（奖励和后果）都是要付出代价的。它们不仅涉及恐惧、内疚、羞耻、义务或对奖励的渴望，还常常伴随着愤怒或怨恨。因为奖励和后果是外在动机，孩子们渐渐变得依赖它们，失去了满足自己和他人的需要的内在动机。

我相信，人们在采取任何行动时所能拥有的最强大、最快乐的内在动机就是满足自己和他人的需要的渴望。当人们感到跟自己和对方有了真正的连结，当人们相信自己的需要对其他人很重要，当人们体验到能够自由选择为其他人做贡献时，无论成人还是儿童，他的行动都会由这种内在动机而生发出来。

如果我们想让孩子体验到做我们想要他们做的事情的内在动机，我们可以把焦点从权威和强加的纪律转移到尽可能多地关注每个人的长期需要上。这在当下可能需要花更多的时间，因为这意味着要超越眼前的问题，同时牢记从大局来看最重要的是什么。但是,这个时间是值得投入的。从长远来看,家人之间可以体验到更深的连结、信任与和谐,孩子们可以学习到强大的生活技能。我相信,大多数父母会发现这些目标比单纯的顺从更有吸引力,而且更令人兴奋。

非暴力沟通不主张使用奖励和后果法,它提供了这样三种方式作为与他人连结的起点:给予同理倾听,表达自己的观察、感受、需要和请求,以及通过自我同理与自己连结。在接下来的三个部分中,我将结合玛丽亚所提的问题,对这三种方式逐一进行探讨。

同理孩子

对他人进行同理倾听打开了更深入理解和连结的大门。当玛丽亚靠近诺埃尔时,她可以先假设他的某些需要没有得到满足。即使是对一个蹒跚学步的孩子或一个还不习惯使用非暴力沟通语言的孩子，父母也很有可能找出他的需要。

当诺埃尔推开食物或说"不要"时，玛丽亚可以试着理解他有什么感受以及他在试图满足什么需要，而不是设法改变他的行为。她可以默默地问自己：他拒绝吃这些食物，是因为他想要满足自己对享乐的需要吗——他是不是不喜欢这些食物？他是否被其他事情分心了，因此想要专注于自己感兴趣的事情？他生气是因为他需要自主选择吃什么和什么时候吃吗？也许他还不饿，所以感到困惑，因为他需要信任自己有辨别自己身体信号的能力？

当玛丽亚在心里连结了儿子的需要后，她可以考虑跟诺埃尔核实一下她的猜测是否理解了他的处境。例如，她可以这样问："你有些生气，因为你想要吃到更喜欢的食物，是吗？""你是不是感到分心，你想专注在游戏中，是吗？""你是不是感到烦闷，因为你想自由选择吃饭的时间？"如果家长担心孩子可能听不懂，可以简化语言。但重要的是要记住，幼儿能理解的比他们能用语言表达的更多。此外，通过在他们的语言中加入感受和需要词汇，父母也是在教孩子识别和表达情感，培养他们的情感素养。即使孩子没有回应，许多家长也会留意到，仅仅是跟孩子的需要进行连结，自己的语气和肢体语言也会发生变化——一场潜在的权力战已经被平息了。现在，玛丽亚可以继续去寻找能够同时满足两个人的需要的策略。

在给予同理倾听时，我鼓励人们放下让孩子以成人想要的方式去行动这个具体的目标，转而专注于与孩子进行连结。同时，父母与自己内在的需要保持连结也一样重要。玛丽亚需要考虑的是，她能否有不同的做法来增加这样的可能性——既满足儿子的需要也不放弃自己的需要。为了把孩子的需要加入她的策略中，她可以选择改变每天的菜单，把食物放在家里某个她儿子可以一边玩一边吃的地方，或者一起制作和享用好玩、丰富多彩的食物，以及很多其他的做法。比起策略，协调她自己和孩子双方的需要更加重要。如此，她在照顾孩子的内在需要时也能照顾到自己的需要。最终她会发现，他们之间的需要并没有冲突——他们只是在那个时刻有不同的策略和优先级。

分享自己的体验

在使用非暴力沟通时，首要的任务是创造高品质的连结，以便让每个人的需要都能得到满足。有时这意味着要同理倾听孩子的需要，但有时候，这意味着父母要特别注意如何表达自己。当他们停下来去反思他们在沟通中一直传达的是什么时，父母们经常发现，他们一直是在重复表达他们想要孩子去做什么（"我说，别玩了，吃你的饭！"），但他们的孩子经常不理会他们。相反，父母们可以表达在那个时刻自己的完整体验：他们在对什么做回应（一个观察），他们的感受，他们的需要，以及他们希望孩子做什么。大部分人（包括孩子），在了解对方内在的感受和需要后，都更愿意考虑别人，因为他们与请求背后的那个人产生了连结。

如果诺埃尔不愿意吃东西，玛丽亚可以说："当我看到你把食物推到桌子上，却不把它放进嘴里时，我很担心，因为我想帮助你的身体变得强壮和健康。你愿意把你盘子里的东西吃掉吗？"这里有一个问题，由于大多数人都非常需要自主——尤其是当我们担心自己对自主的需要无法得到满足时——她儿子可能会说"不！"，这正是我不希望去强迫他的原因。我相信，孩子们听到的要求越多，他们就越不想做父母要他们做的事。结果是，父母和孩子都错失了合作和相互体谅的快乐。因此，玛丽亚如何回应那个"不"至关重要，这关系到诺埃尔能否信任她愿意同时拥抱她的需要和他的需要。她可以选择同理儿子，也可以选择再次表达自己的感受和需要。这次她或许可以说，"我感到很沮丧，因为我希望吃饭的时候能更轻松，能有更多合作"，或者"我很困惑，想了解你想做什么"。

非暴力沟通中的每个表达都以请求作为结尾，请求通常以"你愿意……吗？"这个句式开启。请求对方回应可以使对话持续进行下去。然而，我经常发现父母在重复同一个请求，我意识到他们仍然在一心想着让孩子以他们想要的方式来做那件事。孩子往往会感受到这些，因此更加奋力地反对。因此，对于处理孩子回答"不"的另一个关注点是，父母要注意自己提出的请求是什么类别。玛丽亚可以再次留意自己说的话：她在重复提关于吃饭的那个请求吗？如果是的话，诺埃尔很可能会把它听成一个要求。她可以试着考虑用其他的策略来满足她的需要并提出来。例如，她可以问诺埃尔，他是否愿意告诉她想什么时候吃东西。他可能会说五分钟之后。然后，她可以定个闹钟，五分钟后，他满足了自己选择的需要，很可能就会高高兴兴地坐下来吃东西。

自我同理

在非暴力沟通中，自我同理意味着向内了解自己的感受和需要。一开始这可能显得有些奇怪，但我和许多其他非暴力沟通的实践者都发现，它能非常有效地提升自我接纳、自我连结和内心的宁静。只要在做出反应前花一点点时间，就可以减少愤怒，预防权力战的发生！

如果玛丽亚选择从自我同理开始，她内心的对话听起来可能会是这样的："喔，我真是心力交瘁，太累了！我想休息会儿。可我很担心，我需要信心，确保诺埃尔能够获得足以满足身体需要的营养。同时我很难过，因为我希望在照顾他健康这件事上能与他合作。我也很苦恼，因为我需要了解他在经历什么——我真的毫无头绪！"玛丽亚可能需要花一些时间才能搞清楚自己的感受和需要，但通过练习，她会更容易与自己进行连结。

自己的需要已经越来越清楚了，玛丽亚现在可以开始考虑她想怎么做。她的每个需要都可以通过各种不同的策略得到满足。她想要同理倾听诺埃尔，尝试去了解他现在的处境吗？向他表达她的感受、需要和请求？咨询诺埃尔的医生，看是否需要担心他吃了多少？和她的伴侣或朋友谈谈这件事？读一本关于幼儿和饮食的书？在吃什么方面给诺埃尔提供更多选择？和他的食物一起玩耍？再次说明，理解了玛丽亚的需要再制定的策略才更有可能回应她的需要。

我还没有听说过有谁是从小就践行自我同理的。自我同理的新奇之处，加上为之腾出时间需要做出的努力，让它看起来像是一种不可能存在的奢侈品。然而，自我同理可以给我们面对生活的"喘息空间"，就像一个冥想练习。虽然它可能不能解决所有的问题，但它确实可以帮助我们接纳那些无法找到"解决方案"的时刻。通过自我同理，我们可以为自己提供一些非常强有力的资源：连结和滋养自己，专注于对我们来说最重要的事情，有机会找到创造性的问题解决方案，提供成长空间和提升我们为人父母的技能，我们将更多地采取能为我们带来快乐和满足的行动并提升信心，以及最甜蜜的事——与我们所爱的人建立信任和连结。

为什么要花时间去建立连结？

父母与孩子互动的方式有助于塑造孩子们对自己、父母、人性以及他们置身于其中的这个世界的理解。父母一边说"不能抢"，一边把自己孩子从另一个孩子手中拿到的玩具拿走。这无异于教两个孩子——拥有更大力量或权力的人可以通过抢夺获得自己想要的。父母单方面实施宵禁，就是在暗示：不能相信青少年会对自己的生活做出思虑周全的决定。相反，父母也可以透过言语和行动传达这样两个核心思想：（1）每个人的需要都很重要；（2）如果我们充分地进行连结，就可以找到对每个人都适用的策略。

通过倾听孩子的语言和行为背后的感受及需要，我们能给他们一份珍贵的礼物：帮助他们理解、表达自己的需要，并找到方法去满足那些需要；向他们示范，我们拥有同理倾听他人的能力；让他们看到一个每个人的需要都很重要的世界；帮助他们看到许多人们紧抓不放的欲望——马上把房间打扫干净，看电视，赚钱——真的只是满足更深层需要的策略。孩子们能学习到，通过花时间了解自己更深层的需要，他们更有可能制定出真正有望满足这些需要的策略。

当我们允许自己被孩子的感受和需要所影响时，我们还会得到另外的益处：我们可以找到策略，不以牺牲孩子为代价来满足我们的需要。它能缓解我们许多人都经历过的一种巨大的痛苦，就是当我们以为我们必须接受只对我们有效而对我们的孩子无效的策略时，所感受到的那种痛苦。

最后，通过与孩子分享我们内心世界的感受和需要，我们给了他们一个在我们的社会里很少有的机会：去更好地了解他们的父母，去发现他们的行为带来的影响而不被指责，去体验为满足他人的需要做出贡献的力量感和快乐。

> 练习一
>
> **基础的转换**
>
> **主要概念：**
>
> **观察**：描述所看到或听到的东西，不附加额外的解释或判断。例如，不说"她正在发脾气"，你可以说，"她正躺在地板上边哭边踢"。如果要谈及的是某人所说的话，尽可能多地引用原话，而不是转述。
>
> **感受**：你的情绪，而不是你对其他人做的事情的看法或解释。例如，不说"我觉得被操控了"，因为这里包含着对他人行为的解释，你可以说，"我觉得不舒服"。避免使用以下说法："我

练习一

觉得好像……"和"我觉得+从句"——接在后面的话是想法,而不是感受。

需要:感受是由需要引起的,需要是所有人都有的、持续的,不依赖于某个特定的人的行为。说出你的需要,而不是把他人的行为说成引起感受的原因。例如,"我感到恼火,因为我需要支持",而不是"我觉得很生气,因为你没洗碗"。

请求:用具体、直接、积极的行动性语言表达(你想要的而不是你不想要的)。例如,"你今晚愿意在我们约定的时间回来吗?",而不是"你能保证不再迟到吗?"。根据定义,提出请求意味着我们愿意听到"不",并将其视为进一步对话的机会。

同理倾听:在非暴力沟通中,我们通过猜测他人的感受和需要来对他人进行同理倾听。我们不是要试图"做对",我们的目标是去理解对方。有时会先不提观察和请求。

使用本书后面的感受和需要清单,以及根据

练习一

你自己的理解,写出在下面场景中,父母和孩子可能有的感受和需要。

1. 父母对孩子
    a. 父母对孩子说:"把你的房间打扫干净,马上!"
        父母的感受可能是什么?＿＿＿＿＿＿
        父母的需要可能是什么?＿＿＿＿＿＿
    b. 父母对孩子说:"你为什么不听我说?"
        父母的感受可能是什么?＿＿＿＿＿＿
        父母的需要可能是什么?＿＿＿＿＿＿
    c. 父母对孩子说:"这样说话太粗鲁了。"
        父母的感受可能是什么?＿＿＿＿＿＿
        父母的需要可能是什么?＿＿＿＿＿＿

2. 孩子对父母:
    a. 孩子对父母说:"不,我不会打扫我的房间!"

练习一

　　孩子的感受可能是什么？_____
　　孩子的需要可能是什么？_____
b. 孩子对父母说："你就是不在乎我！"
　　孩子的感受可能是什么？_____
　　孩子的需要可能是什么？_____
c. 孩子对父母说："我不想谈这件事。"
　　孩子的感受可能是什么？_____
　　孩子的需要可能是什么？_____

练习二

转换成非暴力沟通的表达方式

　　写下一些你曾对孩子说的话，现在你想尝试用非暴力沟通的方式来表达。把这些话转换成观察、感受、需要和请求。（请求不必是直接

练习二

"解决问题"的——这只是对话的开始！）

例如：

原话："不许打了！马上回你房间去！"

非暴力沟通的表达："我看到你打了麦克斯（Max），麦克斯哭了，我感到难过，因为我希望每个人都是安全的。你愿意告诉我发生了什么吗？"

你的原话：_____。

非暴力沟通的表达：

当我看到/听到_____时，

我感到（觉得）_____，

因为我需要_____，

你是否愿意_____？

把你的回答与我在前面几个小节里给出的那些例子对照一下。

第二章

超越权力战

发脾气和权力战是很多父母生活中的一大困扰。然而，每一次发脾气和权力战的根源都是未满足的需要。当一个人选择退出权力战时，沟通就可以开始了，和谐也会回归。想象一下下面这个场景：

四岁的艾丽莎（Alyssa）正站在滑梯的顶端，她对着在她身后等着的两个孩子说话，叫他们走开。那些孩子对这种情况似乎不太满意。她爸爸戴夫（Dave）试着温柔地劝她下来，发现无效，他就说："艾丽莎，你必须让其他孩子玩，不然我们就回家。"听到这句话，艾丽莎大声回答："不！我不想回家！"之后她仍然待在滑梯的顶端。孩子们和他们的父母都在看着。戴夫开始变得非常生气。"马上下来，艾丽莎！"他喊道。"我不！"他女儿回答。

接下来会发生什么呢？如果她不马上下来，戴夫可能会再次要求或威胁她离开游乐园。艾丽莎可能会服从，也可能不会。如果她不服从，戴夫可能会强制执行，也可能不会。如果戴夫尝试把她带走，她可能会变得固执，或者又踢又叫，让人几乎无法移动她。与此同时，艾丽莎的弟弟，本来一直在沙池里玩得很开心的，开始哭了起来，因为他没有做错任何事，他不想离开游乐园。一次有趣的外出游玩以一场权力战而告终，而且毁了每个人的好心情。

在自我同理、同理他人和诚实表达之间来回切换

这种情况如果使用非暴力沟通去处理，会是怎样的呢？听到艾丽莎叫其他孩子离她远点的时候，戴夫可以首先注意自己内心的反应。他可以选择花一点时间来同理倾听自己："大家都在看着！我觉得很尴尬。我想得到其他父母的接纳。我也很沮丧，因为我希望我们在一起的时光过得更轻松。"这个自我同理的时刻不仅能使戴夫聚焦于自己的需要，避免气得蹦起来，也能提醒他，愤怒地跳起来通常是无效的。深吸一口气后，戴夫

可能会意识到,他想要跟艾丽莎进行连结,他可以选择猜一猜她那里发生了什么状况。

戴夫:嘿,艾丽莎,你喜欢玩滑梯,是吗?你让其他小朋友离你远点,是不是因为你想要有一些玩耍的空间?

(戴夫没有去评判艾丽莎对其他孩子说的话不合适,或叫她不要说了,而是去猜想可能是因为艾丽莎需要空间。)

艾丽莎:是的!我一个人在这里很好玩!
戴夫:哦,你玩得很开心。你喜欢独自在这上面。
艾丽莎(在滑梯上方的横杆上摆动):呜!呜!呜!

(戴夫没有说他想要什么,但他迈出了与艾丽莎连结的第一步。通过同理倾听她的感受和需要,他向她表明,他理解她的行为,没有评判或指责。这样,他就有更多机会被听到。)

戴夫：我注意到其他孩子不是那么开心，所以我很担心。我希望每个人都能在游乐园玩得开心。你现在愿意滑下来，让每个人都可以玩一下吗？

（这时候有些孩子可能会同意，但艾丽莎没有同意。）

戴夫：你感到很难过，因为你想选择怎么玩，是吗？

（戴夫没有把艾丽莎的"不"听成对自己权威的挑战，而是试着去理解导致她说"不"的感受和需要。）

艾丽莎：是的！是的！是的！我不会下来的！
戴夫：艾丽莎，我希望你能自己做决定。我也很难过，希望能考虑到这里的每个人。有什么办法可以让你玩得开心，能自己做决定，同时让其他孩子也玩得开心吗？

这个表达里包含了戴夫愿意满足艾丽莎的需要，以及他想要照顾其他孩子的愿望，如此，他避免了一种认知（或许有时是事实）：他只在意这个问题的一个方面。如果我们想找到真正适合所有人的解决方案，愿意关心双方的需要至关重要。

艾丽莎：他们可以去另一个滑梯上玩。

戴夫：我很高兴你在考虑其他选择。要不你去跟他们说说，看看他们觉得这样能行吗？

（虽然这不是戴夫喜欢的选项，他还是会考虑的。为了让艾丽莎愿意考虑其他选择，她需要相信戴夫也会考虑其他选择。这是一个关键时刻。如果戴夫一心只想采取某一种行动，很可能会引起艾丽莎的抵触。）

艾丽莎对那两个孩子说：你们可以去另一个滑梯上玩吗？

一个孩子：不！

另一个孩子：那个不如这个好玩。我想在这上面滑。

戴夫：那，亲爱的，看来他们还是想玩这个滑梯，我也真的很想尊重他们喜欢的东西。那么，你还有其他的办法吗？或者，你愿不愿意现在滑下来，让他们也有机会玩？

很多孩子，如果他们相信自己不会被强迫，这时候都会愿意解决问题。但对有些孩子会困难一些。想象一下，如果艾丽莎说"我不管他们想要什么，我不会下来的"，即使是最有耐心的家长，这时候也要"疯了"。面对一个非常坚决的孩子时，我们能期待自己有多大的耐心呢？然而，发脾气，发动权力战，接着为我们对孩子说话的方式感到后悔，这种选择也没那么有吸引力。所以戴夫可能会再次尝试自我同理倾听，给自己多一点空间来选择如何行动。

在这种情况下，愤怒往往是最容易出现的情绪。因此，戴夫可以先在内心表达自己的愤怒："呃——！我真是太生气了！她为什么就不能讲讲道理呢？"但是，戴夫不会止步于此，因为愤怒会让我们专注于我们不想要的东西，而不是帮助我们连结自己的需要，以及我们想要的有建设性的东西。当他连结到愤怒底下的感受和需要时，戴夫可以继续说："我真的很失望。我想要玩得开心，想跟我女儿连结。"通过自我同理，戴夫从愤怒转向承认自己需要乐趣和连结。

创造性的策略源自连结

如果戴夫只是要求他女儿离开滑梯，事情就不可能满足他们任何一方的需要——她需要自主，他需要连结，他们都需要玩耍。（玩耍既是一种需要，也是一种强有力的策略，能够帮助我们跟孩子一起度过压力情境。很多家务事和冲突都可以变成玩耍——这种转变能够使父母和孩子之间相处得更加和谐。）完成了自我连结以及与女儿之间充满同理心的连结之后，他会更容易找到一个创造性的策略，来满足双方的需要。

戴夫（用一种打趣的口吻）：所以你喜欢待在高处并且自己来做决定？

（戴夫再次连结女儿的需要。）

艾丽莎：是的！

戴夫（微笑着）：我该怎样上去跟你一起？我应该走滑梯还是爬梯子上去呢？

（戴夫找到了一个策略，可以满足女儿自己来做决定的需要以及他建立连结的需要。）

艾丽莎：你不能上来，这是给小孩子玩的！

戴夫：嗯，我想和你一起玩，因为你看起来不想要下来的样子，我想我会搞明白该怎么上去的。

（作为一种连结的策略，戴夫继续保持闹着玩的状态。因为他没有陷入权力战中，所以他女儿也不会。）

艾丽莎：走滑梯！

（戴夫假装去尝试，然后失败。他女儿和其他孩子都笑了。他们都接着去玩了，紧张气氛消失了。）

那么，在什么时候停止对话，尝试其他的行动方向呢？我会建议，当存在安全问题或花更多时间进行对话会严重削弱其他人满足需要的能力时，我会更快地采取行动。戴夫可以追踪其他孩子的需要：他们是否玩得开心，还是有些心烦，因为玩耍的需要没有得到满足？他们在观望吗？如果是的话，他们是否好奇他和艾丽莎是如何解决这个问题的？还是他们感到生气，准备冲上滑梯把艾丽莎推下去？

可能会发生的一种状况是，到了某个点上，戴夫继续对话的技能或意愿耗尽——毕竟，对话是一种连结策略，而连结并不是戴夫唯一想照顾的需要。他还有体谅其他孩子、安全、接纳，以及与艾丽莎的小弟弟连结的需要。然后，他可能会决定上去把艾丽莎从滑梯上带走。但是，如果他与自己使用身体力量的动机保持连结，那么当他尽其所能地尝试去满足保护与合作的需要时，他就能带着慈悲与善意，而非愤怒或惩罚的冲动行事。向艾丽莎明确表达这些需要，更有可能使整个互动以和平的方式结束，同时保有连结而不是彼此疏离。

关于时机的提示

大多数涉及长期冲突的亲子对话都会发生在困境之中。尽管非暴力沟通在这种高度紧张的时候非常有用，但寻找和睦的时机来讨论持续性的困扰也很重要。虽然我们可能很难会记得提前去沟通，但在连结而不是冲突中开始的对话会极大地影响双方是否能够听到彼此并且共同寻找能同时满足双方需要的策略。

如果戴夫对与艾丽莎互动的结果不满意，并且反复如此，那下次他或许可以在去公园之前就提出自己的担忧。他可以说："当我想到要去公园玩的时候，我很兴奋，但也担心我们可能会吵起来，我想和你保持连结，享受我们在一起的时光。你愿意和我谈谈我们今天在公园玩的时候可以做些什么来满足我们双方的需要吗？"比起到公园之后，现在艾丽莎可能更愿意倾听他的担忧，也更有可能敞开来表达自己的感受和需要。随着时间的推移，两个人会一起找到创造性的策略来预防和解决这些冲突。

想想你生活中反复出现的困扰，找个时间去谈谈它们，那可能对你和孩子都有好处。如果困扰你的是关于就寝时间或刷牙的问题，那就在早上或下午与孩子进行连结。如果困扰你的是关于早上出门的事情，那就在晚上谈。如果困扰你的是看电视，或玩电子游戏方面的问题，那就在你们外出时，或是在一边吃零食一边享受彼此的陪伴时谈——而不是当你的孩子正在看最喜欢的节目并且想再多看一点的时候。

练习三

转换习惯性反应

1. 想象以下每个例子都是你的孩子对你说的话。写下你可能做出的习惯性反应。然后写下导致你做出这种反应的感受和需要。最后写下你对孩子的猜测,可能是什么样的感受和需要让他们说出那些话。(你可能会用到本书后面的感受和需要清单。)

   a. 你的孩子对你说:"你不是老板。你不能命令我做什么。"

   习惯性反应:_____。

   同理自己: 我感到_____,因为我需要_____。

   同理猜测对方: 你感到_____是因为你需要_____吗?

   b. 你的孩子对你说:"你是个坏妈妈/坏爸爸。"

   习惯性反应:_____。

练习三

同理自己：我感到_____，因为我需要_____。

同理猜测对方：你感到_____是因为你需要_____吗？

2. 用你自己生活中的例子，写下你的孩子说的让你比较难接受的话。按照同样的格式来做，即先写习惯性反应，然后写下你对自己的同理和对对方的同理猜测。

 a. 你的孩子对你说：_____
_____。

 习惯性反应：_____。

 同理自己：我感到_____，因为我需要_____。

 同理猜测对方：你感到_____是因为你需要_____吗？

 b. 你的孩子对你说：_____
_____。

练习三

习惯性反应：_____。

同理自己： 我感到_____，因为我需要_____。

同理猜测对方： 你感到_____是因为你需要_____吗？

把你的回答与我在前面几个小节里给出的那些例子对照一下。

练习四

定时谈话

1. 想一个你和孩子之间持续存在的冲突，写下这个冲突是关于什么的。
2. 什么时候可能是讨论这个冲突的好时机？

> **练习四**
>
> 3. 你认为孩子在这种状况下的感受和需要可能是什么?
> 4. 想一想你可能会对你的孩子说些什么。写清楚观察、感受、需要和请求。
>
> **仔细思考**：这个请求是否考虑到了孩子的需要？如果没有的话，至少再想两个请求，它们必须有可能既满足你的需要，同时也照顾到（你所理解的）孩子的需要。

如果想要了解如何运用非暴力沟通来应对愤怒，可以参看《非暴力沟通·情绪篇》(华夏出版社已出版)。

第三章

听到"不"背后的"是"

"不！"这个可怕的词已经被说出口了。你让你的孩子去做一些合情合理的事情，比如：在一个炎热的艳阳天涂上防晒霜，饭前洗手，穿上她的鞋子以便你们能出门，把她散落在客厅里的书和衣服捡起来，睡前刷牙，上床睡觉。

然而，你的孩子——也许是一岁、二岁、三岁、四岁或十四岁——有她自己的想法。你喜欢她的思想、她与日俱增的独立性和自信心、她想决定她要做什么以及什么时候做的渴望。但你希望她能通情达理！你希望她能做你想让她做的事，不要那么大惊小怪。

协商我们想要的和孩子想要的之间的沟壑会把我们的耐心和技巧水平逼到极限。育儿书籍证实了这一点，因为一本本的育儿书关注的焦点都是如何让孩子做我们想让他们做的事——无论是通过"有效的训练"、奖励、惩罚还是谈话。

一个三岁孩子的母亲雪莉写信告诉我：

有时格蕾丝拒绝坐进汽车座椅，在这种情况下，我们会"强迫"她进去。这件事关系到保护我的孩子不受伤害。有人可能会说，我们可以选择在车上等着，哪里也不去，直到我们说服她自己坐进去。但是，跟大多数人一样，我们总是忙忙碌碌，等待很难成为一种切实可行的选择。我们该怎么做？

非暴力沟通对话

非暴力沟通对话或许能也或许不能帮助雪莉快速解决这个问题，但一定能帮助她和格蕾丝建立她想要高品质的关系。在面对"不"时，培养连结的关键是去记得，人们在对某件事说"不"时是在对其他的事情说"是"。因此，这是一场对话的开始，而不是结束。如果雪莉选择花时间与她女儿进行连结——有时这样反而能

更快地推进事情发展——对话或许会是这样的:

雪莉:嘿,该走了,去爷爷家了。

格蕾丝:不要!不要!不要!

雪莉:你很喜欢现在做的事情,想继续做下去,是吗?(雪莉没有只是听到"不",而是通过猜测格蕾丝的感受——愉悦感,以及她的需要——玩耍和选择,来同理倾听格蕾丝在对什么说"是"。)

格蕾丝:是的!我想继续做园艺!

雪莉:做园艺让你很开心,是吗?

格蕾丝:是的!

雪莉:我很高兴看到园艺让你这么开心。我有些担心,因为我想要在约定好的时间到达要去的地方。(雪莉没有以"不"的方式来回应,而是表达了她的感受和她对责任的需要。)如果想在约定的那个时间到达爷爷家,我们现在就得走了。你现在愿意坐进汽车座椅吗?(雪莉最后提出了一个请求,让格蕾丝知道她可以做些什么来帮助雪莉满足她的需要。)

格蕾丝：不！我现在想玩园艺！

雪莉：我不知道该怎么办了。当你做自己喜欢的事情时，我很乐意，同时我也想做答应好的事。（雪莉向格蕾丝表明，她重视双方的需要是否都得到满足。）你愿意在五分钟内坐进汽车座椅吗？这样我们就能很快到达那里了。（雪莉提供了一种有可能同时满足双方需要的策略，同样是以请求的形式。）

格蕾丝：好的。

（或许也可能没那么容易……）

格蕾丝：不！！！我不想去！我想待在家里！

雪莉：你现在很不开心吗？你想选择你要做什么吗？（雪莉与格蕾丝建立连结的方式是对格蕾丝的强烈情绪以及她对自主的需要表达理解和予以接纳。）

格蕾丝：是的！我想玩园艺！

雪莉：我明白。我有些难过，因为我想制订一个对大家都适用的计划。你现在愿意和我一起想想主意，看看我们能做些什么对彼此都适用的吗？（雪莉再次表达了她对满足双方需要的在意，并提出了一个新的策略，或许能满足格蕾丝对选择和自主的需要。）

格蕾丝：好的。

根据孩子年龄的不同，提出能满足每个人的需要的策略，这个策略或点子可能来自家长（带着来自孩子的反馈意见），也可能来自家长和孩子双方。小到两三岁的孩子都有可能出乎你的意料，提出满足每个人需要的策略，有时甚至会想出成年人都想不到的富有创新又可行的策略。

即使格蕾丝在这个阶段仍说"不"，非暴力沟通也能继续为雪莉提供选择，让她去跟自己和女儿进行连结。有了多次这样的经历，孩子会相信，成人会像尊重他们自己的需要一样尊重孩子的需要，她也会随之稳步发展出更多照顾他人需要以及采取行动来满足的能力。同时，雪莉会发现，通过选择能同时照顾自己和女儿的需要的行动，这样的时刻成了契机，让她更深地理解了自己以及在养育方面的核心需要。

把策略与需要联系起来

在使用非暴力沟通时，我们将注意力放在如何满足所有人的需要上；我们有时会暂缓做决定，直到相互间建立了连结，这是寻找解决方案的基础。在建立连结之后，雪莉和格蕾丝可能会想出很多种策略，具体取决于她们在当下最迫切的需要是什么。雪莉或许会意识到，她可以给爷爷打电话，把约定的时间推迟一小时，由此来满足自己对责任的需要。她也可以选择更热切地表达自己的感受和需要，争取获得女儿的理解，以满足自己对体贴的需要。或许，她可能连结到自己对和谐和轻松的需要，进而选择改变计划。如果计划的改变是为了满足需要而做出的明确选择，则与"屈服于"孩子的"心血来潮"是完全不同的。

连结格蕾丝的需要则可能会带来一些其他方面的策略。格蕾丝可能对玩耍有着强烈的渴望，这可以通过制定一个计划来满足，如当她们到达爷爷家时，她可以玩些什么。她可能对自主有强烈的需要，这可以通过让她自己决定何时准备好来实现。她也有为他人的生活做出贡献的需要。如果雪莉能找到一种方式表达自己的感受和需要，并对格蕾丝提出一个明确的请求，她可能会帮助格蕾丝连结到自己为他人做贡献的内在需要，那么坐进汽车座椅，就变成了格蕾丝做出的一个选择，而不是她输掉的一场"权力战"。

听到"是"会带来什么不同？

当我们的孩子说"不"而我们只听到"不"时，留给我们的就只有两个通常无法令人满意的选择。我们要么顺应他们的"不"，要么否决它。当我们选择转而理解孩子"不"的背后在对什么说"是"时，我们就能更深入地了解是什么激发了孩子的行为——所有人共通的需要。对孩子更深入的了解通常会让我们双方都感觉到彼此之间的连结更紧密了。互相连结在一起的人们更有能力创造性地思考满足他们的需要的策略，表达对彼此的善意，并在需要暂时得不到满足时表现出更多的耐心和宽容。在我家，以及在其他践行非暴力沟通的家庭中，这并不意味着我们总能轻松解决所有的问题。但这确实意味着我们经常会通过这样的对话建立起我们之间的连结，并且我们对彼此的感受和需要越来越信任。这样的关系品质是我希望所有父母和孩子都能拥有的。

改变我们对孩子的"不"的回应，在一定程度上意味着，通过放弃（或至少减少）自己对孩子"不"的抵抗，我们放下以控制的方式对孩子使用我们的权力，即在理解自己和孩子的深层需要的基础上，我们愿意不再执着于自己的策略，聚焦于我们想与孩子建立什么样的关系，我们想教会他们什么，以及我们想与他们一起创造什么样的世界。

但是，使用非暴力沟通并不意味着放弃满足我们自己的需要。我们内在深层的人性需要很重要，而非暴力沟通给了我们强有力的工具来满足这些需要：热切地表达我们的感受和需要，学习识别哪些东西可能有助于满足我们的需要，而不需要让我们的孩子付出代价。无需指责、羞辱或要求对方默默忍受，我们可以通过与自己和孩子进行连结来满足我们的需要。

向孩子提出请求而不是要求或下最后通牒是有风险的：他们可能会说"不"，并且我们可能会认为自己只能接受。当然，我们并没有损失太多，因为孩子们对我们的要求经常会说"不"！当我们能够听见"是"，我们获得了不将"不"作为答案的自由，这多么令人高兴啊！我们可以将来自孩子、伴侣以及自己的"不"当作一场丰富对话的开启，让我们所有人变得更亲密，共同迈向满足我们所有人的需要的方向。

练习五

面对"不"

核心观点:

- **"不"可以是一次对话的开始。**
- **通过连结对方"不"背后想要满足的需要,我们得以继续展开对话。** 看待这个问题的另一种方式是:当某人对我的请求说"不"时,他或她在对什么需要说"是"?
- **我们可以通过承诺满足每个人的需要——而不仅仅是我们自己的需要,或仅仅是其他人的需要——达成对彼此都行得通的"是"。** 当我们的孩子信任这样的承诺时,他们也会更愿意考虑我们的需要。

1. 写下一些你曾对孩子说过,而现在想用非暴力沟通的方式去说的话。把这些话转换成观察、感受、需要和请求。(你可能会用到本书后面

练习五

（的感受和需要清单。）

原话：_____。
非暴力沟通的说法：
当我看到/听到_____时，
我感到_____，
因为我需要_____，
你是否愿意_____？

2. 现在想象你的孩子对你的请求说"不"。当你听到或想到那个"不"时，你的感受和需要是什么？（我们大多数人听到"不"都会感到难以接受，所以自我同理可以帮助你。）
   我感到_____，
   因为我需要_____。

3. 想想那个说"不"的孩子。孩子的感受和需要

练习五

可能是什么？或者，你的孩子在对什么说"是"？她或他在试图满足什么需要？

孩子可能感到＿＿＿＿＿＿＿＿＿＿＿＿，
因为孩子可能需要＿＿＿＿＿＿＿＿＿＿＿＿。

4. 按下面的对话格式运用非暴力沟通，把它写下来或者跟你的伴侣进行角色扮演。在写着"孩子"的地方，想象一下你的孩子可能会怎么回答，然后写下来。

你：你感到＿＿＿＿＿＿是因为你对＿＿＿＿＿＿的需要没有得到满足吗？

孩子：＿＿＿＿＿＿＿＿＿＿＿＿＿＿＿＿。

你（同理倾听）：你感到＿＿＿＿＿＿是因为你需要＿＿＿＿＿＿＿＿＿＿＿＿＿＿吗？

孩子：＿＿＿＿＿＿＿＿＿＿＿＿＿＿＿＿。

你（表达）：我感到＿＿＿＿＿＿是因为我需要＿＿＿＿＿＿。你愿意＿＿＿＿＿＿＿＿吗？

练习五

孩子：＿＿＿＿＿＿＿＿＿＿＿＿＿＿＿＿＿＿＿。
你（选择表达或倾听）：＿＿＿＿＿＿＿＿＿
＿＿＿＿＿＿＿＿＿＿＿＿＿＿＿＿＿＿＿＿。
孩子：＿＿＿＿＿＿＿＿＿＿＿＿＿＿＿＿＿＿＿。
你（选择表达或倾听）：＿＿＿＿＿＿＿＿＿
＿＿＿＿＿＿＿＿＿＿＿＿＿＿＿＿＿＿＿＿。

即使这个对话可能并不完整，你也可以暂停下来思考一下，跨越最初听到的"不"和你最初的反应，继续进行对话，你从中学到了什么？你现在感受怎么样？通过尝试与孩子建立连结，你的哪些需要得到了满足？

第四章

保护性强制力

在非暴力沟通中，保护性强制力是一个复杂的概念。当我们的需要得不到满足时就会出现这样的诱惑：证明使用强制力作为保护措施是合情合理的，尽管有时我们确实需要保护性强制力。凯特（Kate）就曾在信中与我分享了这样一个场景，发生在她与刚刚学步的孩子之间：

> 丹尼尔（Daniel）最近养成了一个习惯，在我给他换尿布时闹着玩似的踢我。我怀孕七个月了，他会直接踢到我的肚子。因为担心我和宝宝的安全，我试着和他谈过，但他没有改变。我正想要这样威胁他："如果你再踢，我就只能让你自己在房间里安静一会儿了。"接着我便开始阅读有关"非暴力沟通"的书，现在我不知道该怎么办了。是不是他年纪太小了，还不能理解感受和需要？

显然，这个涉及安全问题。凯特要做的第一件事就是保护自己和她的宝宝。在非暴力沟通中，当我们想要保护某人的安全,又没有时间、技能或意愿对事情进行协商时,我们就会提出使用保护性强制力。保护性强制力和惩罚性强制力的区别在于,我们的意图是尽可能地去保护,而非教导或惩罚。凯特可以尽最大努力阻止丹尼尔踢她,并非要评判他的行为是错误的(因为评判往往会妨碍一个人怀着慈悲心看见他人),而是出于保护自己以及协助丹尼尔照顾自己和兄弟姐妹的愿望。一旦每个人都安全了,她就可以回到对话中——这也是更有可能建立连结(和学习)的时刻。

我将在下一节讨论凯特关于如何使用语言的问题。

练习六

考虑使用强制力

想一个和孩子相处的情景,你通过对身体使用强制力来达成你想要的结果。(对身体的强制力

练习六

指的是打屁股之类的行为,也包括在孩子不愿意的情况下抱起孩子,将他放在汽车座椅上等行为。)

1. 这是一个什么样的情景?
2. 你使用强制力的理由是什么?
3. 你希望通过使用强制力来满足什么需要?当你意识到这些需要时,你有什么感受?
4. 通过使用强制力,你的哪些需要没有得到满足?当你意识到这些需要时,你有什么感受?
5. 同时考虑这两组需要,你能想出满足自己的需要的其他策略吗?

第五章

非暴力沟通和语言

由于非暴力沟通看上去依赖于言语交流，因而把它用在幼童身上似乎有些困难——如果并非完全无法适用的话。然而，从本质上讲，"语言"只是非暴力沟通应用的外围。在更核心的层面上，它是一套与自己和他人建立连结的原则和方法，例如优先考虑连结，关注每个人的需要，看见哪怕是我们不喜欢的行为背后有什么样的需要，共享权力而非使用权力来控制的策略等。

根据我的经验，在幼童身上使用非暴力沟通往往更多的在于我内心的状态——在面对我以及孩子的状况时，我是如何与自己沟通的——而不在于外在的谈判。但是，至少在某些时候，即使我认为我的孩子听不懂这种语言，我也会想要用语言来表达我是如何理解彼此的，因为这能帮助我连结到彼此的感受和需要。这也能反过来帮助我冷静下来，找到更有可能同时满足双方的需要的策略。我想要大声说出来，也因为我相信语言和情感素养就是通过这样的方式习得的。如果我不表达（并扩充）表明我的感受和需要的词汇，我的孩子也只能吸收有限的感受词，更多的是那些在文化中用来表露我们自己的语言。而我希望孩子们能拥有更多对情绪的觉知。

和年幼的孩子一起解决问题就像面对任何其他人一样，我建议父母们聚焦于和孩子之间连结的品质。留意自己的感受和需要是迈向连结的关键一步。

现在回到凯特和儿子的场景中。凯特可以与自己连结：我是不是感到害怕，因为我希望宝宝安全？我是否感到生气，因为我希望在保护自己和宝宝这件事上得到配合？我是不是感到伤心，因为希望丹尼尔能关心我的健康？我是否对如何在这样的时刻与丹尼尔进行连结感到困惑？她可以在向儿子表达时追踪上述这些感受和需要，即使她认为儿子可能理解不了。不用语言表达的唯一理由是，说得太多让丹尼尔不想听。在这种情况下，她可以提醒自己言语交流只是一种策略，然后继续关注如何用较少的语言或用非语言的方式来连结。

不过，为了与丹尼尔有充分的连结，凯特也可以尝试了解他的状态。他为什么要踢她的肚子？她说他是闹着玩，所以他可能很兴奋，想玩。也有可能是他在换尿布时感到烦躁不安，希望有更多的活动自由。也许他因为要躺着而感到生气，因为他想要更多的选择感或力量感。或者他只是想和凯特连结，引起她的注意。

每一种猜测都会让凯特在如何满足丹尼尔的需要上采取略微不同的策略。我认为，若想既能保护她和宝宝又能与丹尼尔保持连结，最可靠的方法是去回应丹尼尔的需要。也许在换尿布前和他一起玩几分钟能帮助他满足玩耍的需要？也许做一个他喜欢的"换尿布游戏"——滑稽的表情、讲笑话、唱歌、试着抓住他的脚趾亲一下——能帮助他信任他们的互动和连结？也许让丹尼尔站着换尿布，或者找到办法让他自己选择什么时候换尿布可以满足他对拥有更多选择和力量的需要？（一位家长告诉我，当她开始让她年幼的孩子告诉她什么时候愿意换尿布时，持续了几个月的换尿布冲突就结束了。)

当年幼的孩子做了父母不理解和不喜欢的行为时，父母可以给予他们一份很棒的礼物：去连结孩子的心声，并尽自己最大的努力用心回应他们。当父母和孩子心连心时，换尿布不再是一件需要设法小心完成以避免受伤的琐事，而是一个机会——生命中的每一刻都有这样的机会——与自己和另一个人同在，在信任和快乐中成长。

练习七

超越语言

在下列情景中，猜猜其中的婴儿或孩子可能有什么感受和需要，以及父母可能有什么感受和需要，然后写下至少两种不依赖于语言的非暴力沟通方式，且能同时满足双方需要的策略（你也

练习七

可以探讨在同样的情景中如何使用语言形式的非暴力沟通方法)。记住，这些策略不一定是要解决问题。要认清手头的具体问题，但关注点放在当事人之间连结的品质上，无论是现在的还是将来的连结。(你可能会用到本书后面的感受和需要清单。)

1. 一个一岁的孩子坐在她的高脚椅上，把食物扔到地板上。当她爸爸让她停下来时，她笑着扔下更多的食物。

    宝宝的感受可能是：_____。
    宝宝的需要可能是：_____。
    爸爸的感受和需要可能是：_____。
    能带来连结的策略可以是：_____。

2. 一个三岁的孩子说他不去刷牙。当他妈妈说刷牙真的很重要，而且除非他刷牙，否则她就不

练习七

给他读书时,他把手放在自己的耳朵上说:"我没听见!"

儿子的感受可能是:＿＿＿＿＿＿＿＿＿＿。
儿子的需要可能是:＿＿＿＿＿＿＿＿＿＿。
妈妈的感受和需要可能是:＿＿＿＿＿＿＿＿＿＿。
能带来连结的策略可以是:＿＿＿＿＿＿＿＿＿＿。

3. 晚上七点,一个十岁的孩子还没有做完家庭作业。妈妈提醒女儿去做家庭作业,但女儿走到客厅打开了电视。

   女儿的感受可能是:＿＿＿＿＿＿＿＿＿＿。
   女儿的需要可能是:＿＿＿＿＿＿＿＿＿＿。
   妈妈的感受和需要可能是:＿＿＿＿＿＿＿＿＿＿。
   能带来连结的策略可以是:＿＿＿＿＿＿＿＿＿＿。

4. 一个十六岁的孩子比约定的时间晚了一小时回家。他爸爸说:"到了我们约定的时间你还

练习七

没回家,我感到非常焦虑,因为我希望你安全。我也很生气,因为我希望可以相信我的需要对你是重要的。你能告诉我你去哪儿了吗?"儿子说:"跟朋友们在一起。"然后走进他的房间,关上了门。

儿子的感受可能是:_____。

儿子的需要可能是:_____。

爸爸的感受和需要可能是:_____。

能带来连结的策略可以是:_____。

第六章

在孩子中间开展调解

年幼的孩子总是会经历这样一个时期：似乎他们的人生目标就是要拿走所见到的另一个孩子正在玩的任何东西。目睹原本愉快的合作或平行游戏演变成了一场孩子之间的拉锯战，往往会让成年人在与孩子们在一起时变得神经高度紧张。

在我们搞清楚要如何进行干预之前，让我们先尝试去理解自己对这些状况的强烈反应。无论我们的孩子是正在夺取他人的玩具还是被别人拿走了玩具，许多人会立刻、本能地报之以愤怒的反应，想要"纠正"我们看到的"错误"行为。我们感受到愤怒，这是可以理解的。我们想要保护我们的孩子免受情感和身体上的痛苦。我们担心，如果孩子不能以社会接受的方式管好自己，他们就会遇到麻烦。我们很看重善良、分享、合作和正义这些价值观，并想把它教给孩子们。我们渴望让孩子有能力与他人和谐相处。

然而，当一件"抢夺事件"发生时，我们通常不会停下来想想我们的价值观和对孩子的愿望。虽然我们中的一些人会让孩子们自己解决问题,但大多数人都会介入:确定是谁先拿到这个东西的,并确保它被归还给那个孩子;提醒或强制执行关于分享或轮流使用的普遍规则;或者宣告会执行某些后果,例如"面壁思过"。然而,尽管这些干预措施可能会带来暂时的缓解,但我相信它们削弱了我们满足自己和孩子更深层需要的能力。

那么,我们如何才能把儿童之间的冲突变成一个让所有人都可以学习和平共处、满足我们所有的需要,并将友善、合作和慈悲内化的机会?非暴力沟通为此提供了一种方法。我想用我几年前的一次经历来说明。

非暴力沟通和两个孩童

十八个月大的雅各布(Jacob)和爸爸去看望三岁的诺亚(Noah)和他的妈妈。到了该离开的时候,雅各布显然一心想带走诺亚的小汽车。诺亚有时很乐意把他的东西借给其他孩子，但这碰巧是他仅有的一辆小汽车。当我向他确认是否愿意把这辆汽车借给雅各布时，他的整个身体都进入了"抓取模式"——他的肌肉紧绷，眼睛盯着雅各布的手，似乎已经准备好冲向雅各布去拿回汽车。注意到即将发生的抢夺，我请诺亚先等一下，这样我们就可以试着和雅各布谈谈这件事。由于他已经习惯了用非暴力沟通来解决冲突，他放松了下来。如果他没有放松下来，我就会开始关注他，和他进行对话。

我尝试向雅各布表达我对他的感受和需要的猜测。"你喜欢这辆汽车吗？你希望可以继续玩这辆车吗？"雅各布专注地看着我，同时紧紧地抓着那辆汽车。我告诉他："你知道吗？这是诺亚唯一的小汽车，他希望可以把它留在家里。你愿意把它还给他吗？"雅各布的肢体语言明确表示"不"。

诺亚再次紧张起来，雅各布的爸爸对我说："没关系，我们就把小汽车从他手里拿出来。"我让他们两人等一等，给我们一个谈话的机会。我继续专注于雅各布。"你真的很喜欢有轮子的东西，是吗？你是想要有轮子的东西吗？"我环顾四周，想找到一种策略来满足雅各布选择这类玩具的需要，然后我找到了一个，于是我问他："你想要这个有轮子的乐高火车吗？"（根据之前的经验，我对诺亚不会反对雅各布拿走乐高火车很有信心。）雅各布高兴地拿走了带轮子的乐高玩具，同时继续紧抓着那辆小汽车。现在他有了诺亚的两个玩具！

在那一刻，没有任何证据表明我所做的是"有效的"。那我为什么要继续做呢？因为我相信所有人都有一种与生俱来的愿望，那就是为他人的幸福做出贡献。即使孩子还很小，在专注于满足自身需要的同时，他们仍然带着为他人做出贡献的需要。我相信我们可以激发他们的慷慨之心：信任他们为他人做出贡献的需要，明确表达出这份需要，并邀请他们为之采取行动，但不做任何胁迫。至关重要的是不带胁迫，因为在我们被迫时，慷慨就不会出现。

示范你希望看到的行为

在我看来，同样重要的是向孩子们示范，所有人的需要都是重要的，都能得到满足。在运用非暴力沟通时，我会主动地向他们表明他们的需要对我很重要。这里的关键是向孩子们示范我们想要教给他们的行为。如果我们不希望他们去抢，我们就不去抢。几乎每次我身边围着一群孩子时，我都会看到有个成年人一边说"不要抢"，一边从一个奋力反抗的孩子手中拿走一个玩具，把它交给另一个孩子。

在我们成年人看来，这种行为似乎是合乎逻辑的，因为我们在采取行动满足我们对正义、关怀和支持孩子的需要。然而，这与孩子因为想要满足自己对玩耍、自主和探索的需要而抢玩具的行为没有本质上的区别。

当我把火车交给雅各布后,他仍然没有把车还回来,他爸爸和诺亚再次紧张起来,不过雅各布似乎在全神贯注听我们的谈话。雅各布的爸爸重复了让他把车拿回去的建议。我一边和他们说话,一边和雅各布保持眼神交流。"我想继续和雅各布谈谈。我不想强迫他让出汽车。我想继续谈下去,看看他是否会愿意归还汽车。"我和雅各布的爸爸在旁边看着,诺亚向雅各布走去,直接跟他说话。"雅各布,"他说,"你为什么不要乐高火车呢?你可以把它带回家,把汽车还给我。"雅各布没有马上把汽车还给诺亚,诺亚又一次伸手要把汽车从他手里拿过来,我走近了些,再次向他们两人表示,我多么想继续谈下去,直到我们解决这个问题。这时,雅各布转向诺亚,完全放松了下来,然后把小汽车递给了他。对此我是这样理解的:雅各布需要相信他不会被强迫去做他不想做的事情,才能让他按照自己的意愿去考虑别人的愿望。看上去,他的爸爸对他的行为感到惊叹。

但我并不惊讶。当我们用上非暴力沟通时，冲突双方中几乎总有至少一方会发生内在的转变——常常双方都会转变。当我们相信自己的需要对他人来说真的很重要时，我们往往可以放松下来，不会紧抓着我们当时选的那个特定策略不放。如果雅各布没有转变，我会转向诺亚看他是否会转变。有时，仅仅是与两个孩子进行确认这个行动就满足了他们对信任的需要，让他们相信我的请求不是一个要求，他们双方的需要都很重要。这能促使他们更愿意考虑对方。

照顾每个人的需要

如果我想使用非暴力沟通，我就会把注意力转向识别和确认每个人的需要。想要这辆汽车的两个孩子都有自主的需要——去选择做什么。我们每个人也都有这个需要，当我们被告知"必须"做什么时，它会呈现得最为强烈。听到那辆汽车可能会被拿走，雅各布把它抓得更紧了。为了满足他对自主的需要,他必须找到一种方式去体验归还小汽车是他自己的选择。另一方面,诺亚也需要拥有如何处理他的东西的选择权。如果他认为让其他孩子玩他的玩具意味着要失去自己对于玩具去向哪里的选择权,他就很难同意让别的孩子玩他的玩具。

我想培养两个孩子的自主意识和体贴他人的能力。如果我从雅各布手里夺走小汽车,我等于是在给他和诺亚传递这样一个信息——使用强制力是必要的,即使我告诉他们不要使用强制力。所以我克制住自己,并坚定自己的信念:我们不用强制力也能解决这个问题;至少有一个孩子会选择出于为对方考虑而采取行动;而且在这个过程中,我们采取的行动不仅仅是为了和平解决这一次的冲突,还要培养两个孩子对拥有关爱、理解与和平的信心。

这是我对所有儿童和人类的期望:我们可以培养我们自己和孩子对和平是可以实现的并且有能力实现的信

心。我们可以为之做出的贡献是，如果希望孩子学到什么，我们就以那样的方式来介入。

练习八

在孩子中间开展调解

想一个事例，关于发生在孩子们之间的冲突，而你对自己之前的调解不满意。（如果你只有一个孩子，想一个关于孩子和其他小朋友之间发生的冲突。）

1. 用观察的语言简要描述当时的情况。
2. 你对这种情况有什么感受？
3. 在这种情况下，你的需要是什么？
4. 在这种情况下，你对自己或孩子有什么请求？
5. 想想其中一个孩子，写下你对这个孩子的感受和需要的理解。把它写下来作为同理倾听的一个猜测。

> **练习八**
>
> 6. 想想另一个孩子,写下你对那个孩子的感受和需要的理解。把它写下来作为同理倾听的一个猜测。
> 7. 用书写的形式,或跟一个搭档进行练习,表达自己的感受、需要和请求,并以同理倾听回应每个孩子的表达。记得去猜测孩子们的感受和需要,而不仅仅反馈你听到他们说了什么。

第七章

表 扬

我相信，以任何方式去帮助、支持他人或为他人做出贡献都是人生中最美好的体验之一，而得到这样的馈赠同样也是极其令人愉快的。所以在工作坊的结尾，都至少会有一个简短的环节是使用非暴力沟通表达感激和欣赏。我也会尽量在工作坊中探讨这个话题，因为我相信这对减少我们对表扬和奖励的依赖有着至关重要的作用。

我们来看一看来自马克——两个学龄孩子的爸爸问我的这个问题：

尽管我不怎么相信表扬或批评有什么用，但在孩子们的成长过程中，我还是一直在尝试用表扬某些行为来鼓励他们，例如："我发现你真的很有耐心，或者很慷慨，等等。"或者："谢谢你在练小提琴时这么配合，这么恭敬。做得很棒！"你怎么看待表扬呢？

我对表达表扬感到忧虑，即使它针对的是一个行为而不是一个人。我不表达表扬的原因跟不表达批评是一样的；事实上，我认为它们惊人地相似。无论我是表扬还是批评某人的行为，都是在暗示我是他们的评价者，我在评价他们的工作或者他们做的事情。

下面是一个小例子。一天下午，我的家人和朋友在外面扔飞盘。当时我儿子三岁，他扔飞盘的时候，飞盘划出了一道长长的弧线，穿过院子才落地。和我们在一起的那位成年朋友惊叫道："你是个很棒的飞盘投手！"我儿子捡起飞盘，又扔了一次，结果飞盘在离他几英尺远的地方就掉落了。儿子便说："我是个差劲的飞盘投手。"在我看来，他非常清楚地收到了这样的信息：一个投手要么是很棒的，要么就是差劲的。

从评判到观察

事实上，当我们表扬时，我们就是在暗示"好的"可以变成"坏的"。但是我们究竟为什么要把自己放在评价者的位置上呢？我们可以用正向表达的方式回应孩子们的行为或创造，而不必去评价他们。我们无须用"好与坏"来评价，而是可以尝试呈现我们的观察，并将某个特定的行为与是否满足了我们的需要建立关联。将"好的飞盘投手"转变成一个简单的观察可以是这样的："那个飞盘飞过了整个院子。"我们还可以用简单的语言表达感受和需要："哇，我喜欢看着它在空中滑翔。"如此，当飞盘落平时，它就不会是一次糟糕的投掷。也许也可以表达为："那一投的飞盘落在了离你近一些的位置。"接着，根据孩子对此的心理反应，我们可以加上一个同理猜测："你感到失望吗？你希望可以扔得更远吗？"或者："你想要练习想扔多远就扔多远吗？"

关于表扬，我还有一个更严重的担忧。表扬和奖励会制造出以外在动机来驱动行为的机制。儿童（和成人）最后会变成为了得到表扬或奖励而采取行动。我想要支持孩子们以内在动机来行动——享受为了自己而行动的喜悦，因为这样他们连结着的是自己想要满足的需要。我不希望任何人扔飞盘、打扫房间、做家庭作业，或帮助有需要的人，是为了得到表扬或认可。我希望人们做这些事情是出于玩耍的快乐或者为自己和他人做出贡献的愿望。当回报来自外在时，这种深度的愉悦感就会消失。（如果想要了解更多关于这个主题的内容，我推荐你阅读阿尔菲·科恩的书《奖励的惩罚》。）

当喜于见到他人的行动时，我们可以用非暴力沟通提供的一种强有力的方式与他人进行连结，而不是表达表扬或奖励：表达他们做了什么使我们的生活丰盈，对此我们的感受，以及我们的什么需要得到了满足。以前面马克的事情为例。他对孩子说："我发现你真的很有耐心。"如果用非暴力沟通的方式来表达，马克可以找出一个清晰的观察，因为"耐心"是他的一个诠释。他可以说："我注意到在我打电话的时候，你全程都在做自己的事情，没有找我说话。我很感激，因为我需要支持以便能专心谈话。"（当然，声调和眼神的接触比语言能传递更多感受上的温暖。）

马克的第二个例子是:"谢谢你在练小提琴时这么配合,这么恭敬。做得很棒!"我还是会建议首先关注观察。孩子说了什么或做了什么,令马克认为是配合的或恭敬的?然后扩充这个表达,把感受和需要也包括进来。例如:"你今天没有经过我的提醒就练习了二十分钟小提琴,我非常高兴,为我们之间有这样的合作与和平而感激。我也很兴奋,因为我喜欢和你分享音乐。"

在使用非暴力沟通时,精确的语言并没那么重要。重要的是表达欣赏或感激之情的意图,不是为了激励或评价,而是作为一种连结和一起庆祝的方式。如果有时不由自主地喊出了"干得好",也不用担心。但是,让我们继续探讨如何让自己摆脱评价者或激励者的角色,更多地思考如何反馈我们看到了什么,并用第一人称来表达我们因此受到的影响,这样我们就能给予孩子一份"承认"的礼物,以及收获自己的行为为他人带去贡献的美好体验。

练习九

感激与欣赏

核心观点：

- 评判事物是"好的"或"对的"与评判他们是"坏的"或"错的"本质上没有区别——它们属于同一个范式，而且我们的评价很容易从"好的"转变为"坏的"。

把我们的正面评价转化为非暴力沟通，可以让我们从这种范式和"审判员"的角色中解放出来。

- 当我们喜欢某件事或心存感激时，表达我们的什么需要得到了满足，这对我们的孩子和我们自己来说都有巨大的影响力，能带来很深的满足感。
- 通过表达我们的观察、感受和需要，而不是表扬，我们能服务于孩子的内在动机和做贡献的需要。

练习九

1. 想一件你的孩子做的事情，它对你的生活产生的影响令你心怀感激，或者想一件你表扬过或可能想要表扬的事情。用非暴力沟通来表达你的感激或"表扬"：

   你的孩子做了什么？

   _____

   你对他或她做的事有什么感受？

   _____

   这个行为满足了你的哪些需要？

   _____

2. 用同样的方法来找出你身为父母感激自己的事情：

   我做了什么或我正在做什么？

   _____

   我对自己做过的或正在做的事情有什么感受？

   _____

   通过做这件事我的什么需要得到了满足？

   _____

第八章

开启非暴力
沟通之旅

许多刚开始学习非暴力沟通的父母对家庭生活的未来心怀希望和灵感。然而，当他们尝试运用新技能时，有时会感到泄气。生活的方方面面都如此，做出改变通常需要时间。一开始，专注于感受和需要以及提出请求而不是要求，似乎令人望而却步。然而，就如任何新的语言一样，非暴力沟通也是能够被学会并融入日常生活中去的。孩子还是婴儿时就开始实践非暴力沟通，给自己时间学习和实践自我同理，专注于发现需要、建立信任和连结，这会给父母们一个极好的开端。当然，非暴力沟通可以在任何年龄引入，家庭的动态是可以转化的。

有时引入非暴力沟通会带来立竿见影的效果，比如莎伦（Sharon）的例子。在一次家长工作坊的午餐前，这位有着两个青春期孩子的单身母亲想要谈谈回家后可能会面临的状况。她说自己要回去吃午饭，然后在回工作坊的路上开车载十五岁的儿子一程。头一天晚上，她叫儿子在午饭前做几件家务活。然而，她很确定，等自己回到家时，儿子一定还在床上。她怀着恐惧的心情想象着，不知道到时候会是怎样的情形。她可能会指责他，要求他，为那些家务活争吵，而儿子什么也不会做。她想知道该如何用非暴力沟通来处理这种情况。

当父母寻求帮助时，我们很容易想要提供建议或策略。但是，在用非暴力沟通进行工作时，我们不想这样做，而是尝试给出一份礼物，即我们的临在，并与那个人建立连结。我们相信，比起建议，当事人往往更需要同理倾听。因而，我对莎伦进行了同理倾听——让她有机会更深入地与自己在这种情况下的感受和需要进行连结。我们连结到的是她的疲劳与精疲力竭，因为支持和轻松的需要没有得到满足，还有她的挫败与绝望，因为她渴望更多的信任以及与儿子的连结。讲到她与两个青春期孩子之间的关系状态时，莎伦体会到了深深的悲伤，她哭了。在去吃午饭之前，我们提醒莎伦用非暴力沟通的几个步骤表达自己，并且，如果她儿子对她的请求说"不"，就去同理倾听他的感受和需要。

午饭后,我们都想知道莎伦家里发生了什么。"简直是令人难以置信。"莎伦告诉我们。当她回到家时,她的儿子确实还在睡觉。她叫醒了他,表达了自己的观察、感受、需要,并请求他做家务。她儿子同意了,并做了第一件家务。过了一会儿,当她看到他坐在沙发上看书时,她再次用非暴力沟通的四个步骤表达自己,请求他做第二件家务。她儿子又同意了。然后,他转向她说:"妈妈,你为什么这样跟我说话?"她回答说:"嗯,你知道,我这个周末在参加一个沟通工作坊。"他说:"坚持下去,妈妈。它很有用。"

和莎伦一样,家长们经常报告说,改变他们与孩子说话的方式可以让孩子的反应发生巨大的改变。一位母亲分享说,她第一次在孩子们吵架时使用非暴力沟通,这是她第一次对调解的结果感到真正的满意。还有些人则用"神奇的"这个词来描述这种变化。当变化迅速发生时,父母可能会受到鼓舞而继续去走这条新的道路。

有些父母发现自己需要花相当多的时间和精力才能改变根深蒂固的沟通习惯和行为模式。当改变来得比较慢时，父母们往往会感到挫败、困惑和不知所措。几乎在任何情况下，养育孩子都是极具挑战性的。试图在育儿方式上做出重大改变似乎令人望而生畏。在这种情况下，对父母们来说，至关重要的是获得额外的支持，最好是以同理倾听、陪伴、与其他家长一起学习以及从其他家长那里学习的形式。非暴力沟通的实践者构成的网络在世界各地蓬勃发展，为父母获得这类支持提供了资源。如果非暴力沟通支持无法从本地获得，父母们可以通过电话或电子邮件获取资源（查看国际非暴力沟通中心 CNVC 网站上的资源）。每一位非暴力沟通的学习者都可以选择在家里、学校、宗教机构、社区，甚至工作场所与朋友或家人建立自己的非暴力沟通小组。

即使关系模式的改变来得很慢，父母们也会谈及他们经历的内在变化：关于他们个人的疗愈，更深的自我连结，对自己和孩子的理解不断加深，越来越充满希望。这些都是父母们体验到的礼物，即使他们自己或孩子的行为变化缓慢。

认识孩子之间的差异——发展阶段与气质类型

尽管非暴力沟通对解决社会和政治领域的问题也十分强有力和有效，但当父母们没有经济或社会资源来满足自己或孩子的需要时，非暴力沟通的语言本身并不能解决他们所面临的巨大挑战。非暴力沟通无法消除与种族、性别、阶级、性取向、身体能力等相关的社会不平等。它也无法让我们为身为父母所要面临的某些特殊挑战做准备，那些挑战涉及孩子的发展、发育和气质方面的需要和阶段。解决前两个问题超出了本书的范围，但我想专门探讨一下有关发展阶段和气质类型的几个点。

不同年龄和气质类型的人往往会特别强烈地体验到某些特定的需要。了解处在某个年龄段的孩子可能正在萌生的关键需要，对于培养对孩子的理解和耐心，以及应对与孩子的关键需要有关的挑战非常有帮助。

例如，对于还在爬行阶段和刚刚学步的幼儿来说，他们最强烈的需要之一是用身体探索世界。虽然所有人都有这个需要，但这个年龄段的孩子好像是"必定"要尝试满足它，甚至不惜牺牲对其他需要的满足（如安全或家庭内的和谐）。他们"一定"要打开橱柜、扔出食物、拉扯电线等等，因为这些行为是满足探索需要的有力策略。若父母试图让这个阶段的孩子停止做这些事情则不太可能会成功。就算真的成功了，那也是要付出代价的：他们没能帮助孩子满足这一关键需要。

育儿的挑战之一是，父母要尽其所能地运用创造力和能量给出自己能够提供的支持，去努力满足孩子的核心需要。在这个例子中，当一个爬行或学步的幼儿对于探索的需要到达顶峰时，在家里做好有效的婴儿防护措施可以大大减轻由此带来的压力。

孩童通常也会对玩耍有着强烈的渴望。游戏对孩子们来说是一个十分重要的策略，因为它可以帮助他们满足学习、陪伴、乐趣、探索、发现、力量、创造力和成长等方面的需要。因为许多成年人不会抽时间来玩耍，或者不喜欢孩子们玩的那种充满创造性和想象力的游戏，所以他们往往会错过将游戏作为策略来满足每个人的需要的机会。如果父母能意识到适合玩耍互动的机会，许多权力战可以在瞬间结束。

最近，我看到一位妈妈帮助她四岁的孩子从和一位（他和家人周末去拜访的）好朋友玩耍过渡到回自己家的案例。当母亲第一次告诉他自己想快点走时，他说："好的。"她告诉他还有五分钟，他没有回应。然后，当她想上车时，他说"不要"。妈妈同理了他，表示非常理解他和朋友在一起是多么开心，知道他希望延长拜访时间。考虑到他们需要很长的时间赶路，她表达了要出发的愿望，然后说："这儿有一张停车票，可以把你的小摩托车停在 D-3 停车位。"男孩拿了票，坚定地骑着朋友的小摩托车去了"D-3"。然后他妈妈说："现在我想看看你的机票，这样你就可以登机了。"他给她看了一张假想的票，她检查了一会儿，把票还给了他，并告诉他，他的座位在后排的中间。然后他高高兴兴地上了车。

"D-3 停车位"和机票是两个既富有同理心，又有效的创意。说它们有效，是因为它们创造了妈妈希望看到的结果——在推动这个过渡的过程中，让双方感到既轻松又保有连结。这两个创意充满慈悲心，因为它们包含并回应了男孩的需要——关心他对于关注和玩耍的需要，以及像妈妈一样的需要——在他们共同生活的过程中，能既轻松又保有连结。

正如对不同发展阶段中的需要的基本了解可以帮助到一些父母那样，对气质差异的基本了解也能给一些父母带来巨大的安慰。我们的社会倾向于将育儿视为一种共通的体验，掩盖了不同孩子的父母所面临的显著不同的挑战。婴儿出生时各不相同，每个人对人的本性都有自己独特的表达。虽然他们有着共通的人类基本需要，但他们体验和表达这些需要的方式不同，强度也不同。因此，养育不同的孩子可能是非常不同的体验，同样，对不同的孩子使用非暴力沟通的方式也是不同的。

有的小婴儿在父母忙于其他事情时可能会保持安静和观察的状态，安然地躺在毯子上；而有的小婴儿可能一没人抱就会嚎啕大哭。有的孩子可能会在冲突中因为获得连结而感到兴奋，而有的孩子在面对强烈的情绪时会需要很多独处空间。养育那些看上去强烈表达需要的孩子，会让许多父母极大地感到不堪重负、疲惫、挫败、困惑或愤怒。在这种情况下，父母很容易会严厉地评判自己或孩子。父母自己对支持、理解、接纳、安心、希望等的需要严重得不到满足。我希望可以献给他们的是，明确地肯定这些父母们所面临的特定挑战，并鼓励所有父母建立父母社群，以增加来自家庭之外的支持资源。

练习十

下一步计划

1. 当你想到将要运用非暴力沟通来养育孩子时,
   a. 你希望能满足什么需要?当你想到这些需要有可能得到满足时,你有什么感受?
   b. 你担心哪些需要可能无法得到满足?当你认为这些需要可能无法得到满足时,你的感受如何?
   c. 如果仍然用非暴力沟通养育孩子,你能否想到什么策略来帮助你满足你所担心的这些需要?
2. 具体说明,在与家人相处的生活中使用非暴力沟通时,哪些方面可能会给你带来挑战?
3. 如果挑战关系到你自己,你能找出在这种情况下你的感受和需要是什么吗?
4. 如果挑战关系到另一个人,你能找出这个人在这种情况下的感受和需要是什么吗?

练习十

5. 在与家人相处的生活中使用非暴力沟通时,你是否想要得到某种特定的帮助来满足你对支持的需要,如果有,来自谁?你能找出你可能向此人表达的具体的观察、感受、需要和请求吗?
6. 还有没有其他你想写下来以帮助你满足需要的事情?

为了和平的养育

翻开报纸，你总会发现上面描绘的世界与我们期望孩子们所拥有的世界相去甚远。无论是在地区还是在全球范围内，战争、暴力和环境破坏都伴随着我们。在社会层面，我们需要什么资源和技能来维护和平并与自然和谐相处呢？父母如何为社会向非暴力转型做出贡献？我们要教给孩子什么才能真正让他们这一代拥有一个不同的世界？

不久前，当时快四岁的儿子让我读一本关于城堡的书，那是他在图书馆选的。他之所以选择这本书，是因为他喜欢《目击者》系列，并且系统地翻阅了所有我们能找到的相关书籍。但我却不喜欢这本书。它不仅描绘了城堡，还描绘了骑士、盔甲和几个世纪前的战争中使用的各种武器。

我还没有准备好面对武器。我儿子没上学前也不看电视，所以他接触暴力的机会非常有限，这一点令我很高兴。那时，他从未说过"枪"这个词，也从未玩过模拟暴力的游戏。他不知道战争以及人们会有意互相伤害。但这是本有关城堡的书，他想看。

我并没有试图向我儿子隐瞒这世界上存在暴力和苦难的现实，但我经常会（优先）考虑要选择如何以及何时让这些现实进入我们的生活。我给他读了这本书的一部分内容，以及很多的编辑评论。但几天后当他再次让我读这本书时，我说我不想读。当他问为什么时，我告诉他，我对人们用暴力行为对待彼此感到非常难过，因为我相信人类可以找到和平的方式来解决冲突。

自然而然地，问题接踵而至。在回答他的某个问题时，我告诉他，我的悲伤不仅关乎从前有骑士和城堡，也关乎现在：在我从小长大的地方，以色列人和巴勒斯坦人也在打仗。"他们为什么要打仗？"他问道。"因为他们都想要同一块土地，但他们还不知道如何去谈这个事情。"我回答。"我来教他们！"他自告奋勇。"你会教他们什么？"我问。"我会教他们，他们双方都可以拥有那块土地的一部分，他们可以分享，"他轻松地回答，"唯一的问题是，"他继续说，"我不知道如何找到他们。"

听到他的话，我既高兴又悲伤。听到我儿子——以及这么多孩子——渴望为世界做出贡献并且相信和平解决冲突的可能性是多么的美妙。然而，他的话又是多么贴切："我不知道去哪里找他们。"我们究竟如何找到人们心中的"敌人"，从而传递和平的信息？在那些我们强烈反对的行为面前，我们要如何找到并且为之敞开我们自己的心？

如此探寻自己和他人的心灵，是我对和平抱有希望的核心，也为我的养育带来了最大的影响。我的育儿和非暴力沟通教学经验让我相信，在我们家庭中发生的事情不仅反映而且影响着我们社会中发生的事。就像"敌人"看不到彼此的人性，我们也一样，有时无法心怀慈悲地与他人，甚至爱人建立连结。大多数家长跟我提到的主要挑战是，尽管他们渴望家里能和平与和谐，却发现自己会比期望的更频繁、更快地对孩子生气。

我希望家长们有更多的资源去化解愤怒的根源以及冲突和日常生活中的挑战。不幸的是，我们大多数人遵循的问题解决模式依赖于评判、要求、遭受后果和奖励。这些方式有时看似有效，但往往会强化愤怒的循环，而不是削弱它。

孩子们从这种模式中学到的东西往往不是父母们想要的。他们无法学到合作、和谐和相互尊重，而更有可能遭受控制带来的痛苦：谁拥有更大的力量，谁就能随心所欲，而那些力量较小的人只能屈服或反抗。然后，我们继续着关于控制的循环圈,而它正带领人类更快地走向自我毁灭。

作为父母,我们拥有极佳的机会活出并向孩子们示范一种不同的范式,能赋予他们能力在生活中与他人建立连结、解决冲突和促进和平。改变我们对人性的观念是发展这些技能的关键之一。非暴力沟通教导我们,所有人都有相同的深层需要,当理解并同理彼此的需要时,人们就可以相互连结。冲突的产生不是因为我们有不同的需要,而是因为我们为满足需要而选择的策略不同。我们是在策略层面争论、斗争或开战,尤其是在认为别人的策略没能让我们满足自己的需要的时候。

然而,非暴力沟通认为,每一种策略,无论它多么无效,是悲剧性的、暴力的还是令人厌恶的,都是在试图满足某种需要。这个观念完全推翻了"好人"和"坏人"的二分法,让我们把注意力放在每一个行为背后的人身上。当我们了解激发自己和他人行为的需要时,我们就没有敌人了。我们可以在每个人身上看到人性，即使我们发现他或她的行为令人深感不安。凭借我们了不起的才智和创造力，我们能够而且——我希望——也会找到满足所有需要的新策略。

鉴于现实的家庭生活事务日复一日、令人应接不暇，改变养育方式会是一项巨大的挑战。然而，这种转变能使家庭成员之间拥有深厚的连结和信任。除了对单个家庭的影响外，带来深度连结的育儿方式还能够引领我们的社会迈向一个重视每个人的需要、和平得以成为现实的世界——这也许会发生在我们的孩子这一代身上，也许是未来的某一代。当人类学会说慈悲的语言时，这个转变就会实现。

了解更多关于非暴力沟通和养育的信息，请访问 www.NonviolentCommunication.com。

注册我们的非暴力沟通电子月报，可以查看专家文章，以及更多相关信息！

国际非暴力沟通中心

查看当地和国际培训机会、培训师认证信息以及各种其他非暴力沟通教育资料，请访问：www.CNVC.org。

每个人都有的一些基本感受

需要得到满足时的感受

◎ 惊奇　　◎ 舒适　　◎ 自信　　◎ 渴望

◎ 精力充沛　◎ 满足　　◎ 高兴　　◎ 充满希望

◎ 启发　　◎ 好奇　　◎ 快乐　　◎ 触动

◎ 乐观　　◎ 自豪　　◎ 宽慰　　◎ 刺激

◎ 惊讶　　◎ 感谢　　◎ 感动　　◎ 信任

需要未得到满足时的感受

◎ 愤怒　　◎ 恼怒　　◎ 担心　　◎ 困惑

◎ 失望　　◎ 气馁　　◎ 苦恼　　◎ 尴尬

◎ 沮丧　　◎ 无助　　◎ 绝望　　◎ 不耐烦

◎ 恼火　　◎ 孤独　　◎ 紧张　　◎ 痛苦不堪

◎ 迷惑　　◎ 不情愿　◎ 悲伤　　◎ 不舒服

每个人都有的一些基本需要

自主选择
◎ 选择梦想、目标和价值
◎ 选择实现梦想、目标和价值的方法

庆祝 / 哀悼
◎ 庆祝人生的创造和梦想的实现
◎ 哀悼丧失：亲人离世、梦想破灭等

内外一致
◎ 真实性　　　　　◎ 创造力
◎ 意义　　　　　　◎ 自我价值

精神交流

◎ 美　　　◎ 和谐　　　◎ 灵感

◎ 秩序　　◎ 和平

滋养身体

◎ 空气　　　◎ 食物　　　◎ 运动、锻炼

◎ 抵御生命威胁：病毒、细菌、病虫、攻击性动物

◎ 休息　　◎ 性表达　　◎ 庇护所

◎ 触摸　　◎ 水

玩耍

◎ 乐趣　　◎ 欢笑

相互依存

◎ 接纳　　　◎ 欣赏　　　◎ 亲密

◎ 社群　　　◎ 体贴　　　◎ 为丰富生命做出贡献

◎ 情感安全　　　　　◎ 同理心

◎ 诚实（使我们能够从自身的局限中学习）

- ◎ 爱
- ◎ 安慰
- ◎ 尊重
- ◎ 支持
- ◎ 信任
- ◎ 理解

©CNVC。请访问 www.CNVC.org 了解更多信息。